ANALIZA KSIĄŻKI

AF137519

Pierwszy czlowiek

· · · · · · · · · · · · · · · · · · ·

ALBERT CAMUS

ANALIZA KSIĄŻKI

Napisany przez Eloïse Murat
Przetłumaczony przez Kâmil Kowalski

Pierwszy czlowiek

ALBERT CAMUS

ALBERT CAMUS

FRANCUSKI PISARZ, DRAMATURG, ESEISTA I FILOZOF

- **Urodził się w Mondovi (Algieria) w 1913 r.**
- **Zmarł w Villeblevin (Francja) w 1960 r.**
- **Godne uwagi prace:**
  - *The Stranger* (1942), powieść
  - *Mit Syzyfa* (1942), esej
  - *Plaga* (1947), powieść

Albert Camus (1913-1960), Francuz urodzony w Algierii, laureat literackiej Nagrody Nobla, był jednym z najważniejszych pisarzy XX wieku. Był głęboko zaangażowanym intelektualistą, filozofem, dziennikarzem, dramaturgiem i powieściopisarzem, a swoje piętno odcisnął dzięki refleksji nad absurdem, która znalazła w jego twórczości zniuansowany, wrażliwy i humanistyczny wyraz.

Camus, który był powszechnie podziwiany, a czasem krytykowany, odbiły się szerokim echem na całym świecie jego powieści *Dżuma* (1947) i przede wszystkim *Obcy* (1942). Zmarł przedwcześnie w 1960 roku w wyniku wypadku samochodowego.

PIERWSZY CZŁOWIEK

DZIECKO W POSZUKIWANIU NIEOBECNEGO OJCA

- **Gatunek:** powieść autobiograficzna
- **Wydanie referencyjne:** Camus, A. (2013) *Pierwszy człowiek*. Trans. Hapgood, D. London: Penguin UK.
- **Pierwsze wydanie:** 1994
- **Tematyka:** pamięć, rodzina, tożsamość, śmierć, Algieria

Pierwszy człowiek to niedokończona powieść autobiograficzna. Wydana przez córkę Alberta Camusa za pośrednictwem francuskiego wydawnictwa *Éditions Gallimard w* 1994 roku, miała być pierwszą częścią trylogii. Autor opowiada w niej, poprzez swoje alter ego Jacquesa Cormery'ego, o swoim dzieciństwie w małej wiosce w Algierii z matką i babką, o swoim dorosłym życiu we Francji, a także o próbach dowiedzenia się, jakim człowiekiem był jego ojciec.

STRESZCZENIE

Powieść rozpoczyna się dedykacją dla matki autora: "Tobie, która nigdy nie będzie mogła tego przeczytać".

Para, w tym kobieta w ciąży, przybywa wozem prowadzonym przez Araba do wsi Solférino, na wyżynie Algierii, niedaleko granicy z Tunezją. Ojciec właśnie przejął na własność jakąś tamtejszą ziemię. Nie zdążyli jeszcze wjechać na teren gospodarstwa, gdy kobieta zaczyna odczuwać pierwsze skurcze. Podczas gdy jej mąż idzie szukać lekarza, ona zostaje otoczona opieką przez kilka arabskich kobiet. Gdy lekarz i jej mąż docierają na miejsce, kobieta już rodzi. Dzieckiem jest nie kto inny jak bohater opowieści, Jacques Cormery, sobowtór autora. Niestety, ojciec dziecka ginie w walce kilka lat po jego narodzinach, podczas pierwszej wojny światowej. Jacques ma bardzo mało wspomnień z nim związanych. Jedynym znaczącym wydarzeniem, które naprawdę pamięta, jest egzekucja Pirette'a, mordercy, w której uczestniczył jego ojciec. Jacques pamięta jego powrót do domu i to, co powiedział. Ta historia wpłynęła na niego do tego stopnia, że czuje się tak, jakby poszedł z ojcem.

Czterdzieści lat później Jacques podróżuje pociągiem z Paryża do Saint-Brieuc. Na prośbę matki odwiedza cmentarz, aby zobaczyć grób ojca. Dla niego ta wizyta jest bez znaczenia, gdyż ojciec jest dla niego jak obcy. Dopiero gdy jeden z jego przyjaciół przeniósł się do miasteczka na emeryturę i chce go odwiedzić, decyduje się na wizytę na cmentarzu. Po znalezieniu dat na nagrobku jest wstrząśnięty: jego ojciec zmarł, gdy był młodszy od samego Jacquesa. To napędza go do badania człowieka, który dał mu życie. To dochodzenie do przeszłości ojca pozwala mu opowiedzieć jego historię i opowiedzieć o swojej rodzinie.

Jacques jada kolację z przyjacielem, Victorem Malanem, którego głęboko podziwia. Ten człowiek wydaje się być dla niego jak ojciec. Jacques wyjawia mu swój projekt poszukiwania informacji o swoim ojcu, ale Victor obawia się, że się rozczaruje. Mimo tego ostrzeżenia Jacques jest przekonany, że musi przeprowadzić te badania i decyduje się na wyjazd do Algierii. Ten powrót do przeszłości uświadamia mu, że panująca w nim ciemność wynika z milczenia jego rodziny i narodu. W rzeczywistości, w trakcie opowieści, autor pokazuje kontrast między ziemią Algierii, gdzie burze piaskowe oczyszczają wszystkie wspomnienia, a metropolitalną Francją, która zachowuje wspomnienia. Ponadto rodzina Jacquesa była skrajnie biedna, a według niego biedni mają mniej znaczników czasowych i przestrzennych niż bogaci.

Matriarchą rodziny była jego babcia, nic więc dziwnego, że Jacques opisuje ją szczegółowo. Autorytatywna postać, to ona zarządzała pieniędzmi, kupowała ubrania i artykuły spożywcze, prowadziła wszystkie działania rodziny. Nie okazywała czułości. W łodzi, która zabiera go do Algierii, Jacques wspomina sjesty, które spędzał z nią w mieszkaniu w Algierze: kiedy było zbyt gorąco, babcia zmuszała go do spania z nią, a dla niego te sjesty były czasem wielkiej nudy. Pamięta również, że pewnego dnia babcia poprosiła go, aby poszedł i znalazł w kurniku kurę, którą mógłby zjeść. Mimo strachu, wykonał zadanie. W podziękowaniu za odwagę, babcia zaprosiła go do pomocy w kuchni przy podcinaniu gardła.

Obserwując ten spektakl, Jacques nabawił się fobii przed śmiercią.

Jacques odwiedza swoją matkę. Wydaje się ona "łagodna, grzeczna, ugodowa, nawet bierna […] odizolowana przez swoją półgłuchotę", co stanowi całkowity kontrast z babcią Jacquesa. Pyta ją o swojego ojca, ale Lucie Cormery pamięta tylko kilka rzeczy: jej wspomnienia ograniczają się do momentu ogłoszenia przez burmistrza śmierci męża i oddania jej odłamka, który śmiertelnie go ranił. Na ulicy rozbrzmiewa eksplozja, przypominając, że znajdują się w samym sercu wojny algierskiej. W rzeczywistości narracja rozgrywa się w 1954 roku.

Étienne jest wujkiem Jacquesa. Jest bardzo przystojny, ale był jeszcze bardziej głuchy niż Lucie, do tego stopnia, że w dzieciństwie nie mógł pracować. Wykorzystał więc okazję, by nauczyć się czytać. Jacques pamięta wyprawy na polowania z nim i jego psem Brillantem. Autor wspomina, że gniew wuja był "tak bezpośredni i serdeczny jak jego przyjemności". Był on dla Jacquesa pierwszym męskim wzorem do naśladowania.

Jacques opowiada następnie o M. Bernardzie, swoim szkolnym nauczycielu, który był dla niego również zastępczym ojcem. Walczył on w bitwie nad Marną i wrócił do domu. Podobieństwo między nim a ojcem Jacquesa jest więc bardzo wyraźne. Autor opisuje rozwój klasy i uprzywilejowane relacje, jakie dzielił ze swoim nauczycielem. Chociaż M. Bernard był pełen uczucia dla uczniów, był przez to nie mniej surowy: kiedy dzieci popełniły poważny błąd, dawał im baty dużą linijką, którą nazywał "trzciną cukrową". Kara ta była akceptowana przez uczniów, gdyż nauczyciel był całkowicie sprawiedliwy. W tamtych czasach wpajanie wartości moralnych należało przede wszystkim do nauczycieli.

Pod koniec roku M. Bernard zapisał Jacques'a na stypendium do szóstej klasy i college'u, dzięki czemu młody Cormery mógł kontynuować naukę, mimo ubóstwa rodziny.

M. Studenci Bernarda, którym udało się kontynuować naukę, zdawali sobie sprawę, że odtąd są zdani tylko na siebie. Kiedy na początku roku Jacques musiał wpisać do dokumentu zawód swojej matki, za namową kolegi napisał "służąca". Wtedy zaczął się wstydzić i uświadomił sobie znaczenie rodziców w budowaniu własnej tożsamości.

Czwartki, kiedy nie był w areszcie, i niedziele poświęcał na zakupy spożywcze i pracę w domu. Przez resztę czasu Jacques grał z kolegami w piłkę nożną na plaży. Drużyny składały się z Arabów i Francuzów. Czasami chodził czytać książki z obrazkami i historie o bohaterach w lokalnej bibliotece. Jacques miał zamiłowanie do czytania. Często wygrywał książki podczas rozdawania nagród w szkole.

Pod koniec opowieści nie znalazł wszystkich odpowiedzi, których szukał, ale trzyma się uczuć i wspomnień o swojej rodzinie, młodości i matce, którą bardzo kochał.

STUDIUM POSTACI

JACQUES CORMERY

Jacques Cormery, narrator, jest sobowtórem Alberta Camusa, autora.

Powieść opiera się na paraleli między Jacquesem jako dzieckiem a Jacquesem jako dorosłym. Ten drugi pamięta pierwszego, a Jacques jest w ciągłej oscylacji między tymi dwoma postaciami. Wychowany bez ojca Jacques dorasta w bardzo biednej rodzinie w Algierze. Kocha swoją matkę i boi się babci. Jest posłusznym chłopcem. Utalentowany w szkole, kontynuuje naukę w college'u, korzystając z nauczania i kultury, które ominęły resztę jego rodziny.

Gdy jest już dorosły, udaje się na grób ojca w Saint-Brieuc. Ten epizod wyzwala w nim pragnienie zbadania ojca i jest siłą napędową tej historii – być może nawet powodem napisania powieści. Badania te odbywają się dość późno: Jacques ma już 40 lat. Według niego osobowość mężczyzn kształtuje się dzięki ich rodzicom. Jacques rozpoczyna więc prawdziwą podróż w głąb siebie, badając swojego ojca.

LUCIE CORMERY

Lucie Cormery jest matką Jacquesa i Louisa (który w powieści nazywany jest czasem Henri). Rzadko nazywana po imieniu, często określana jest przez swoją rolę, swoje miejsce w rodzinie: jego matka. Wizyty Antoine'a, jej zalotnika, to jedyne momenty, w których zostaje przedstawiona jako kobieta przed wszystkim innym.

Powieść jest jej dedykowana: "Tobie, która nigdy nie będzie mogła tego przeczytać". Rzeczywiście, Lucie Cormery, która jest bardzo biedna, nigdy nie miała dostępu do edukacji i nie umie czytać. Co więcej, jej głuchota ogranicza ją, izoluje i skazuje na postawę kontemplacyjną. Autorka pisze, że "spogląda jeszcze raz przez to samo okno i obserwuje aktywność na tej samej ulicy, którą kontemplowała przez pół życia". Jej stan wycofania zmusza ją do rezygnacji z roli wychowywania dzieci na rzecz matki, która jest głową rodziny. Od tej pory Lucie jest matką nie dlatego, że wychowuje swoje dzieci, ale dlatego, że darzy je miłością.

HENRI CORMERY

Henri Cormery jest ojcem Jacquesa. Podobnie jak jego żona, rzadko jest nazywany po imieniu. Określany ogólnym terminem "mężczyzna", nabiera wymiaru ogólnego, niemal parabolicznego. Pojawia się w pierwszym rozdziale, przy narodzinach Jacquesa. Przychodzi na świat w 1885 roku, a umiera w 1914 roku w Saint-Brieuc, po tym jak zostaje ranny w bitwie nad Marną. Ten ojciec, zmarły i zapomniany na nieznanym terenie (Francja metropolitalna), pełni rolę siły napędowej opowieści. Jacques, zobaczywszy jego grób na cmentarzu w Saint-Brieuc, nie przestanie szukać informacji o tym nieznajomym, który dał mu życie.

BABCIA

Babcia nie jest określana imieniem i nazwiskiem, ale, podobnie jak w przypadku Lucie Cormery i w większym stopniu, definiowana jest przez swoją rolę: jest głową rodziny. To ona zarządza pieniędzmi, pracą i podziałem obowiązków domowych. To ona decyduje o tym, czy Jacques powinien kontynuować naukę, to ona znajduje mu pracę u maklera statków. W przeciwieństwie do córki, która jest pełna miłości i łagodności, babcia jest wyłącznie figurą władzy i kary. Edukacja Jacquesa i Louisa jest więc podzielona na dwie części: matka przynosi miłość i czułość, natomiast babka wykazuje się surowością, wpajając im pewną dyscyplinę. Jacques nigdy nie okazuje jej uczuć, a jej śmierci nie poświęcono w powieści nawet akapitu.

ÉTIENNE

Étienne jest wujkiem Jacquesa i Louisa. Pomimo swojej pozycji jedynego mężczyzny w rodzinie, nie odgrywa on znaczącej roli w edukacji Jacquesa. Dotknięty jeszcze cięższym stopniem głuchoty niż jego siostra Lucie, nie mógł w dzieciństwie pracować, co pozwoliło mu na naukę czytania. Ta postać jest jedynym tematem długiego rozdziału powieści, w którym Jacques buduje jego portret i opisuje ich relacje.

M. BERNARD

M. Bernard jest szkolnym nauczycielem Jacquesa. Jest też zastępczym ojcem chłopca: "Ten człowiek [Jacques] nigdy nie znał swojego ojca, ale często mówił o nim [M. Bernard] w sposób dość mitologiczny, a w każdym razie w krytycznym momencie wiedział, jak przyjąć rolę ojca"; "Ja [M. Bernard] walczyłem na wojnie z ich ojcami i przeżyłem. Staram się przynajmniej tutaj zająć miejsce moich zmarłych towarzyszy". M. Bernard walczył w bitwie nad Marną, podobnie jak Henri Cormery, ale wrócił. To dzięki niemu Jacques kształtuje swoją tożsamość, idzie na studia i niewątpliwie został pisarzem.

M. Bernard jest też jedynym i niepowtarzalnym środkiem pamięci. Kontrastuje tym samym z wszechobecną w powieści wymazaną pamięcią. To dzięki niemu Jacques'owi udaje się odtworzyć swoją historię, zwłaszcza dzięki przeczytaniu w klasie powieści o pierwszej wojnie światowej *Les Croix de Bois* (*Drewniane krzyże*) Dorgelèsa, która przypomina nieco historię jego własnego ojca.

ANALIZA

LUDNOŚĆ ALGIERII

Populacja to z definicji zgrupowanie ludzi, wziętych zbiorowo, którym odebrano indywidualność i którzy są przez to anonimowi. Jacques Cormery/Albert Camus, wychowany w biednej rodzinie w Algierze, zdołał uciec od tej anonimowości ("Próbował uciec od anonimowości, od życia, które było biedne, ignoranckie i muliste; nie mógł żyć tym życiem ślepej cierpliwości, bez słów, bez myśli poza teraźniejszością"), w przeciwieństwie do swoich bliskich. Od tej pory pragnie nadać imię i głos ludziom, którzy uczynili go tym, kim jest:

- Z jednej strony czyni to, wcielając swój naród w pewne postaci, zwłaszcza w postać swojej matki. Któż bowiem lepiej reprezentuje ten anonimowy lud, milczący i pozbawiony pamięci, tę krainę zapomnienia, jaką jest Algieria, niż jego skromna matka, pozbawiona wspomnień i pogrążona w mutyzmie? Matka, reprezentantka ludu algierskiego, nabiera więc wymiaru alegorycznego.

- Z drugiej strony, opowiadając własne wspomnienia, Jacques umieszcza ludzi w tle swojej powieści. W konsekwencji, pisząc, oddaje im ich historię, daje im głos i w ten sposób odtwarza dla nich przeszłość. Powieść reprezentuje w ten sposób vox populi (głos ludu). Jest on definiowany jako "pojedynczy anonimowy cień, który czasem się wyłaniał, a towarzyszyły mu miękkie kroki i niewyraźny dźwięk głosów". *Pierwszy człowiek*, prawdziwy hołd dla ludu, jest głosem ludu o ludzie.

Autor podkreśla fakt, że ludność algierska jest pozbawiona pamięci, żyje tylko teraźniejszością, nie pamięta o przeszłości ani o przyszłości: "rozpostarła się nad nimi [ludem] ogromna niepamięć". Ten brak pamięci ludu wyjaśnia Camus w bardzo konkretny sposób: "pamięć ludzi biednych jest mniej odżywiona niż pamięć ludzi bogatych; ma mniej punktów orientacyjnych w przestrzeni, ponieważ rzadko opuszczają miejsce, w którym żyją, i mniej punktów odniesienia w czasie przez całe życie, które jest szare i pozbawione cech".

Strach przed zapomnieniem jest również jedną z motywacji, która przyświeca powieści. Pisze więc dlatego, że Albert Camus nie chce, aby jego historia i historia jego narodu została zapomniana. Chce zachować ślad swojej rodziny, swojego pochodzenia, a przede wszystkim ojca.

PAMIĘĆ I HISTORIA

Historia i pamięć zajmują bardzo ważne miejsce w tej autobiograficznej powieści. I w tym tkwi paradoks, ponieważ jest to historia człowieka, który nie ma historii i wspomnień w rodzinie bez pamięci, jak wyjaśniliśmy powyżej.

W powieści zdają się współistnieć dwie historie, ta z Algieru i ta z Francji metropolitalnej. Ziemia Algieru jest pozbawiona pamięci, podczas gdy Francja zachowuje swoje wspomnienia. Te dwie krainy, których obecność pojawia się w powieści naprzemiennie, są w umyśle autora bardzo wyraźne i skrajnie różne: "Morze Śródziemne oddziela we mnie dwa światy, jeden, w którym wspomnienia i imiona są zachowane w odmierzonych przestrzeniach, drugi, w którym wiatr i piasek wymazują wszelki ślad po mnie na otwartych przestrzeniach" – wyjaśnia narrator. Z jednej strony jest ziemia, na której był dzieckiem, czyli Algieria, a z drugiej ziemia dorosłego, którym jest i który pamięta: Francja. Podczas swoich badań Jacques wraca na farmę, na której się urodził; rozmawia tam z rolnikiem, który mieszka tam teraz i który mówi mu: "Skoro jesteś stąd, wiesz jak to jest. Nie zachowujemy tu niczego. Burzymy i odbudowujemy. Myślimy o przyszłości, a o reszcie zapominamy". Ten kontrast między obiema krainami widać na przykładzie grobów: zużyte i porośnięte roślinnością groby na cmentarzu w Mondovi kontrastują oczywiście z tymi w Saint-Brieuc.

Dwie postacie, które wiele znaczyły dla Jacquesa i które były niezbędne w jego edukacji, są bardzo reprezentatywne dla opozycji między dwoma krainami. Pierwsza, Lucie Cormery, reprezentuje zapomnienie, krainę Algieru i biedy, jak już powiedzieliśmy; druga, M. Bernard, działa jako portal do pamięci i łącznik z Francją metropolitalną. Lucie Cormery nie ma żadnych wspomnień; jest skazana na zapomnienie. Na pytania Jacques'a odpowiada więc nieustannie, że nie pamięta lub że nigdy nie wiedziała. M. Bernard ze swej strony próbuje poprzez kulturę i nauczanie dać Jacques'owi historię, która nie jest jego własną, ale która mogłaby być. Czytając książkę *Les Croix de bois*, nie jest to historia wojny jego ojca, ale mogłaby być. M. Bernard jest tym, który nawiązuje do Francji metropolitalnej i daje młodemu chłopcu pierwsze punkty odniesienia.

Tym samym wyjaśnia się tytuł powieści: "pierwszy człowiek" odnosi się do Jacquesa, który urodził się w krainie ex nihilo (czyli z *niczego*) (Algieria) i który w związku z tym nie zdołał odbudować swojej historii poprzez pamięć. Mimo wszystkich jego badań, wśród jego wspomnień pozostaje wiele wątpliwości. Jest pierwszym człowiekiem nie tylko dlatego, że przed nim historia Algierii popadła w zapomnienie, ale także dlatego, że opowiadając swoją historię, staje się przedstawicielem wszystkich mężczyzn z Algierii.

MOTYWY SŁOŃCA I EGZOTYKI

Motyw słońca powraca w utworach Camusa. Jest on obecny na przykład w *Nieznajomym,* gdzie słońce odgrywa aktywną rolę w rozwoju akcji. W *Pierwszym człowieku słońce* jest bardziej dyskretne, ale nie mniej wszechobecne. Ma wiele ról i wiele znaczeń:

- Jest to przede wszystkim synonim duszności i nudy Jacquesa. Żar słońca przypomina mu sjesty z dzieciństwa: gdy słońce było zbyt gorące, babcia zmuszała go do odbycia z nią sjesty, podczas której bardzo się nudził. W ten sposób sjesty poprzedzały słowa młodego Jacquesa: "Nudzi mi się! Nudzę się!" powtarzane "jak litania".

- Następnie słońce towarzyszy Jacquesowi w jego wspomnieniach: to dzięki niemu udaje mu się zapamiętać Algier. W rzeczywistości dla Jacquesa jedno nie istnieje bez drugiego: słońce jest ściśle związane z miastem Algier. Słońce wydziela wyniszczający upał, który wydaje się być powtarzającą się atmosferą w mieście. Co więcej, w rozdziale 4, na łodzi, która prowadzi go do Algieru, słońce mu towarzyszy. Jest ono jak wspólna nić w jego wspomnieniach, która prowadzi go do krainy dzieciństwa.

- Wreszcie, słońce zaostrza przemoc. Podczas wizyty Jacquesa w Solférino, w gospodarstwie, w którym się urodził, spotyka on lekarza, który był tam przy jego narodzinach. Lekarz mówi mu, nawiązując do oporu Algierczyków wobec kolonializmu, że od czasów Kaina, pierwszego zbrodniarza, mężczyźni są straszni i że są najgorsi pod palącym słońcem. Przemoc jest po części usprawiedliwiona przez słońce.

Algierskie słońce kontrastuje z chłodem metropolitalnej Francji. Dla młodego Jacquesa, który zna tylko wielkie upały i jałowe krajobrazy, mróz Francji jest mityczny. Wspomina, że opowieści o dzieciach w czepkach i wełnianych szalikach na zaśnieżonych ścieżkach były dla niego prawdziwie egzotyczne. Te historie, opowiadane w klasie, były dla niego częścią potężnej poezji szkoły i karmiły jego marzenia. Ta pozytywna egzotyka została w jego wyobraźni wyparta przez egzotykę negatywną, w której "czaił się strach i zagrożenie". W rzeczywistości Francja metropolitalna kojarzyła mu się również z wojną, ponieważ jego ojciec wyjechał do Francji, aby walczyć.

DALSZA REFLEKSJA

KILKA PYTAŃ DO PRZEMYŚLENIA...

- W jakim sensie można powiedzieć, że *Pierwszy człowiek* to powieść o historii i pamięci? W jaki sposób paradoksalne jest takie stwierdzenie?

- Jakie miejsce zajmuje fantastyka w twórczości Alberta Camusa?

- Jak można porównać pierwszy rozdział do opowieści o biblijnych narodzinach? Jaki to ma wpływ?

- Camus przez całe swoje życie pragnął przemawiać w imieniu tych, którym głosu odmówiono. W *"Pierwszym człowieku"* to pragnienie autora jest również obecne. Wyjaśnij to.

- Czy bieda w powieści Alberta Camusa jest rzeczywistą przeszkodą w osiągnięciu wolności? Jeśli tak, to dlaczego?

- Zbadaj miejsce i reprezentację ludności w powieści.

- Czy można powiedzieć, że *Pierwszy człowiek* to powieść inicjacyjna?

- Jaką rolę w utworze odgrywa słońce? Porównaj to z jego rolą w innych dziełach Camusa, takich jak *Nieznajomy* czy *Noces.*

- Jak myślisz, jakie powody skłoniły Alberta Camusa do zadedykowania powieści swojej matce?

DALSZE CZYTANIE

WYDANIE REFERENCYJNE

Camus, A. (2013) *Pierwszy człowiek*. Trans. Hapgood, D. London: Penguin UK.

ADAPTACJE

Pierwszy człowiek. (2011) [Film]. Gianni Amelio. Dir. Francja/ Włochy: Cattleya.

Chcemy usłyszeć od Ciebie, co się dzieje!
Zostaw komentarz na temat swojej internetowej biblioteki
i podziel się swoimi ulubionymi książkami w mediach społecznościowych!

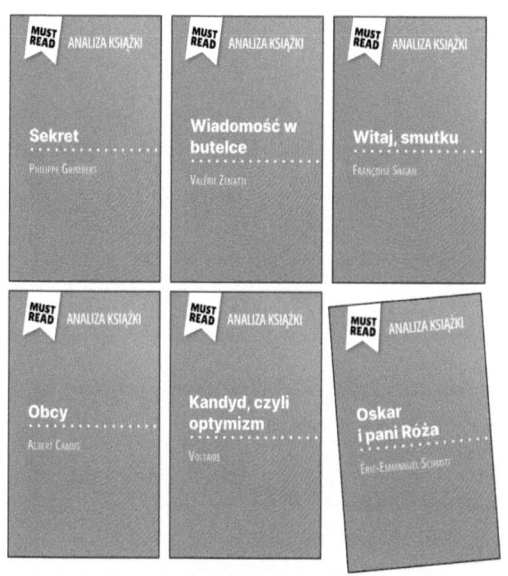

www.50minutes.com

Master ISBN: 9782808694599
Papierowy ISBN: 9782808615990
Depozyt prawny: D/2023/12603/1879

Verhaal: © Primento

Projekt cyfrowy: Primento, cyfrowy partner wydawców.